き・けり①

確認問題

得点　／50

検印

一　空欄を埋めて、助動詞の説明を完成させよ。〈2点×13〉

基本形	未然形	連用形	終止形	連体形	已然形	命令形	活用の型
き	（［　］）	○	［　］	［　］	［　］	○	特殊型
接続	活用語の［　］形 カ変の未然形「こ」にも接続 サ変の未然形「せ」にも接続			意味	1［　］（…タ）		

基本形	未然形	連用形	終止形	連体形	已然形	命令形	活用の型
	（［　］）	○	［　］	［　］	［　］	○	ラ変型
接続	活用語の［　］形			意味	1［　］（…タ、…タトイウコトダ） 2［　］（…ナア、…タノダナア）		

二　口語訳せよ。〈6点×4〉

1 [illegible]し人は、二、三十人が中に、わづかに一人二人なり。（方丈記・ゆく川の流れ）

2 （女は）つきて来（こ）し人のもとにゐて、いとあはれと思ひやりけり。（男のことを）とても恋しいと（大和物語・一四八段）

3 今は昔、丹後の国に老尼（らうに）ありけり。（宇治拾遺物語・一六）

4「ものひとこと言ひ置くべきことありけり。」（言っておかなければならないことが）と言ひて、文（ふみ）書く。（竹取物語・昇天）

1	3

2	4

き・けり②

練習問題

得点 ／50

検印

一 次の助動詞「き」または「けり」を適当な活用形に改めよ。〈2点×7〉

1 ことにふれて情けのみあり〈①き〉人なり。（宇治拾遺物語・二四）
（何事につけてもたいそう思いやりのあった）

2 よろづに見〈②き〉ども、見え給はざり〈③き〉。（宇治拾遺物語・八七）
（よろづに：あちこち）

3 あやしと思ひて、寄りておとなひ〈④けり〉ど、音なし。（宇治拾遺物語・一九四）

4 筑摩（ちくま）の湯といふ所に、よろづの人の浴（あ）み〈⑤けり〉薬湯（くすりゆ）あり。（宇治拾遺物語・八九）
（薬湯あり：薬のような効能の温泉が）

5 さわぎ〈⑥けり〉ほどに、縁より落ちに〈⑦けり〉。（十訓抄・第一）

①	②	③	④	⑤	⑥	⑦

二 次の傍線部の助動詞の意味と活用形を答えよ。〈3点×12〉

1 南都（なんと）に、歯取る唐人（たうじん）ありき①。（沙石集・巻八ノ二三）
（南都に：奈良に）

2 いにし②所も知らず。（伊勢物語・九六段）

3 思ふこと心にかなふ身なりせ③ば秋の別れを深く知らまし（更級日記・子忍びの森）
（もし（国司赴任の）希望が思いどおりになるわが身であったなら、（この）秋の別れの情趣も深く味わっただろうに。）

4 行く水に数書くよりもはかなきは思はぬ人を思ふなりけり④（伊勢物語・五〇段）

5 「義盛（よしもり）がはかりこと、まことにゆゆしかりけり⑤。」と、判官（はうぐわん）も感じ給ひけり⑥。（平家物語・志度合戦）

	意味	活用形
①		形
②		形
③		形
④		形
⑤		形
⑥		形

3 つ・ぬ①

確認問題

得点　／50

検印

一　空欄を埋めて、助動詞の説明を完成させよ。〈2点×15〉

基本形	未然形	連用形	終止形	連体形	已然形	命令形	活用の型
つ	[　]	[　]	[　]	[　]	[　]	[　]	下二段型
ぬ	[　]	[　]	[　]	[　]	[　]	[　]	ナ変型

接続	意味
活用語の連用形	1 [　　]（…タ、…テシマッタ） 2 [　　]（強意）（…テシマウ） 3 [　　]（…タリ、…タリ）

二　次の傍線部を口語訳せよ。〈5点×4〉

1 針を狩衣（かりぎぬ）のしりに刺しつ。（俊頼髄脳・三輪の山）

2 やがて（そのまま走って追いついて）走りつきて、車のしりに乗りぬ。（今物語・一〇）

3 祭主（さいしゅ）、「とく（早く）立ちね。」と言ひけり。（十訓抄・第七）

4 浮きぬ沈みぬ（扇が波に）揺られければ、沖には平家船端（ふなばた）をたたいて感じたり。（平家物語・那須与一（なすのよいち））

1	3

2	4

つ・ぬ②

練習問題

得点　／50

検印

一

次の助動詞「つ」または「ぬ」を適当な活用形に改めよ。〈2点×7〉

1 今日あり〈①つ〉こととて、息もつぎあへず語り興ずるぞかし。（語っておもしろがるものであるよ）（徒然草・五六段）

2 「衣一つ取らせて、とくやり〈②つ〉。」（(尼に)与えて／早く追っ払ってしまえ）（枕草子・職(しき)の御曹司(みざうし)におはしますころ、西の廂に）

3 忘らるる身をば思はず誓ひ〈③つ〉し人の命の惜しくもあるかな（(あなたに)忘れられる(私の)身はどうなろうと構わない）（拾遺集・八七〇）

4 山崩れ〈④ぬ〉ば、うち覆はれて、死にもぞする。（もし山が崩れてしまったら）（宇治拾遺物語・三〇）

5 何事も、みなよくなり〈⑤ぬ〉けり。（伊勢物語・一一六段）

6 疵(きず)なき歯を失ひ〈⑥ぬ〉、大きなる損なり。（沙石集・巻八ノ二三）

7 臥(ふ)し〈⑦ぬ〉ど、かたはらなる人、うち身じろきだにせず。（(私も)横になったが）（うたたね・出家）

①	②	③	④	⑤	⑥	⑦

二

次の傍線部の助動詞の意味と活用形を答えよ。〈3点×12〉

1 書きつけて取らせつれ①ど、また返り事も言はず。（枕草子・頭中将の）

2 追ひつ②返しつ同士軍(どしいくさ)をぞしたりける。（同士討ちを）（太平記・巻六）

3 「尼になりね③。」とこしらへて、かしらを剃(そ)らしめつ④。（言いくるめて）（今昔物語集・巻一ノ一四）

4 この酒を飲みて⑤むとて、よき所を求めゆくに、天(あま)の河(がは)といふ所に至りぬ⑥。（伊勢物語・八二段）

番号	意味	活用形
①		形
②		形
③		形
④		形
⑤		形
⑥		形

たり・り①

確認問題

得点 ／50

検印

一 空欄を埋めて、助動詞の説明を完成させよ。〈2点×17〉

基本形	未然形	連用形	終止形	連体形	已然形	命令形	活用の型
たり	[　　]	[　　]	[　　]	[　　]	[　　]	([　　])	ラ変型
り	[　　]	[　　]	[　　]	[　　]	[　　]	([　　])	

接続	意味
たり…活用語の[　　]形 り……サ変の[　　]形・ 四段の[　　]形	1[　　](…テイル、…テアル) 2[　　](…タ、…テシマッタ)

二 次の傍線部を口語訳せよ。〈4点×4〉

1 硯瓶(すずりがめ)を見れば、墨をすりて入れたり。(古本説話集・一九)

2 世の中になき花の木ども立てり。(竹取物語・蓬莱(ほうらい)の玉の枝(え))

3 そのたび、公卿(くぎやう)の家十六焼けたり。(方丈記・安元の大火)
その火災のとき

4 丈六(ぢやうろく)の仏を作れる人、子孫において、さらに悪道に落ちず。(宇治拾遺物語・六三)
(高さ)一丈六尺の

1	2
3	4

たり・り②

練習問題

得点　／50

検印

一　次の空欄に助動詞「たり」または「り」を適当な活用形に改めて入れよ。〈2点×7〉

1 造麻呂(みやつこまろ)も、ものに酔ひ〈①〉心地して、うつぶしに伏せ〈②〉。（竹取物語・昇天）

2 楠(くす)の木は、木立多かる所にも、ことに交じらひ立て〈③〉ず。（枕草子・花の木ならぬは）
（他の木に）

3 伏籠(ふせご)の中に籠め〈④〉つるものを。（源氏物語・若紫）
（雀を）

4 その女、世人(よひと)にはまされ〈⑤〉けり。（伊勢物語・二段）

5 木の葉をかきのけ〈⑥〉ど、つやつやものも見えず。（徒然草・五四段）
（全く）

6「この御文(ふみ)は櫛(くし)の箱の底によく納め置き給へ〈⑦〉。」（宇津保物語・蔵開下(くらびらき)）
（お納め置きになっていなさい）

①	⑤
②	⑥
③	⑦
④	

二　次の傍線部の助動詞の意味と活用形を答えよ。〈3点×12〉

1 御懐に入りゐて、いささか疎く恥づかしとも思ひたらず。（源氏物語・若紫）
（若紫は源氏の）御懐に（抱っこされて）入り込んで

2 生きたりし折に変はらず。（宇治拾遺物語・一六七）

3 この阿闍梨(あじゃり)、終はりに往生を遂げたり。（発心集・巻四ノ四）

4「近くゐたれ。ただ今来む。」とて出で給ひぬ。（落窪物語・巻二）

5 集まれる人々、おのおの心得ず思ひて、みな退散しぬ。（宇治拾遺物語・一三九）

6 身を知り、世を知れれば、願はず、走(わし)らず。（方丈記・閑居の気味）

1	2
形	形
3	4
形	形
5	6
形	形

7

ず①

確認問題

得点 ／50

検印

一 空欄を埋めて、助動詞の説明を完成させよ。〈3点×12〉

基本形	未然形	連用形	終止形	連体形	已然形	命令形	活用の型
ず	[　　] [　　]	[　　] [　　]	[　　]	[　　] [　　]	[　　] [　　]	[　　]	特殊型

接続	意味
活用語の[　　　]形	1[　　　]（…ナイ）

二 次の傍線部を口語訳せよ。〈7点×2〉

1 かくばかり（これほど）恐ろしき者とは思はざりき。（宇治拾遺物語・一九七）

2 ここにて泣かざりつるは、つれなしを作りける（平気を装っていたのだった）にこそ（あれ）。（堤中納言物語・はいずみ）

1	
2	

ず②

練習問題

得点　／50

検印

一　次の傍線部の助動詞の活用形を答えよ。〈5点×10〉

1 世にもまじらず①して、比叡（ひえ）の山に登りて、かしらおろしてけり。（古今集・八四七詞書）

2 今日の命、もの食はず②は、生くべからず。（枕草子・十二月二十四日）

3 声憎からざら③む人のみなむ、思はしかるべき（好ましく思われるだろう）。（枕草子・職の御曹司の西面（にしおもて）の）

4 なんぢら、あながちに焼き奉らむこと（（仏のご遺体を）無理に火葬し申し上げようと）思はざれ④。（今昔物語集・巻三ノ三四）

5 よばふ人（言い寄る人も）もいと多かりけれど、返り事もせざり⑤けり。（大和物語・一四二段）

6 この歌、よしとにはあらね⑥ど（うまいというわけではないけれども）、げにと思ひて、人々忘れず⑦。（土佐日記・一月十一日）

7 その咎（とが）、軽（かろ）からぬ⑧ことなり。（十訓抄・第七）

8 魚捕るすべも知らざれ⑨ども、思ひのあまりに川の端（はた）にのぞめり。（古今著聞集・三一二）

9 この用意を忘れざる⑩を、馬乗りとは申すなり。（徒然草・一八六段）

①	形
②	形
③	形
④	形
⑤	形
⑥	形
⑦	形
⑧	形
⑨	形
⑩	形

助動詞のまとめ①

総合問題

得点 ／50

検印

一 次の傍線部の説明として正しいものを、それぞれ後のア〜ウから選べ。〈2点×6〉

1

①わろきことは隠れ、よきことはいよいよ花めけり。（風姿花伝・十二、三より）

②いと憎く腹立たしけれども、いかがはせむ。（枕草子・大進生昌（なりまさ）が家に）

③「龍（りゅう）は鳴る神（雷の同類で）の類にこそありけれ。」（竹取物語・竜（たつ）の頸（くび）の玉）

ア 詠嘆の助動詞「けり」　イ 形容詞の一部　ウ 動詞活用語尾＋存続の助動詞「り」

2

④百人ばかり天人具して（かぐや姫は）、昇りぬ。（竹取物語・昇天）

⑤暁（あかつき）に男は出でていぬ。（古本説話集・四八）

⑥ただこのこと一つをなむ、飽かぬことかなとおぼしける。（源氏物語・藤裏葉）

ア 完了の助動詞「ぬ」　イ 打消の助動詞「ず」　ウ ナ変動詞の活用語尾

①	②	③	④	⑤	⑥

二 次の傍線部にはそれぞれ助動詞が二つ含まれている。抜き出して、文法的説明を完成させよ。〈2点×19〉

1 わが稲はこのごろ（最近）植ゑにしかば、嵐のわざはひにもあひ侍らず。（花月草紙・八五）

2 酒をのみ飲みつつ、やまと歌に（和歌に）かかれりけり。（伊勢物語・八二段）

3 まことにかばかりの（これほどの（すばらしい扇の）骨は）は見えざりつ。（枕草子・中納言参り給ひて）

1	[に]―[ ]の助動詞「[ ]」の[ ]形。
	[しか]―[ ]の助動詞「[ ]」の[ ]形。
2	[ ]―[存続]の助動詞「[ ]」の[ ]形。
	[ ]―[ ]の助動詞「[ ]」の[ ]形。
3	[ざり]―[ ]の助動詞「[ ]」の[ ]形。
	[つ]―[ ]の助動詞「[ ]」の[ ]形。

助動詞のまとめ②

演習問題

得点　／50

検印

一 次の『徒然草』の文章を読んで、あとの問いに答えよ。

人は、己をつづまやかにし（わが身を簡素にし）、奢（おご）りを退けて（ぜいたくを遠ざけて）、財（たから）を持た［Ⅰ］、世をむさぼら［Ⅱ］むぞ、いみじかるべき（世俗の名利をむやみにほしがらないようなのが立派だろう）。昔より、かしこき人の富めるはまれなり（賢人で富裕な人はめったにいない）。唐土（もろこし）（中国で）に許由（きよいう）といひつる人は、さらに（全く）身にしたがへる貯（たくは）へもなくて、水をも手して（手ですくいあげて）ささげて飲みけるを見て、なりひさこ（ひょうたん）といふものを、人の得させたりければ、あるとき、木の枝に掛けたりける（波線部）が、風に吹かれて鳴りける①を、かしかましとて（やかましいと言って）捨てつ②。また手にむすびてぞ（手ですくって）水も飲みけり（二重傍線部）。いかばかり心のうちすずしかりけむ（すがすがしかっただろう）。孫晨（そんしん）は、冬の月に衾（ふすま）なくて（冬季に夜具がなくて）、藁一束（わらひとつかね）ありけるを、夕べにはこれに臥し、朝（あした）には収めけり（取りかたづけた）。唐土の人は、これをいみじと思へばこそ（立派だと思ったからこそ）、記しとどめて世にも伝へけめ（伝えたのだろうが）、これらの人は（わが国の人は）、語りも伝ふべから［Ⅲ］（語り伝えもしないだろう）。

（第一八段）

1 空欄Ⅰ～Ⅲに、助動詞「ず」を適当な活用形に改めて入れよ。〈4点×3〉

2 波線部「掛けたりける」を、⑴品詞に分けて、例にならってそれぞれ文法的に説明し、⑵口語訳せよ。〈16点〉

例 伝へ—ハ行下二段活用動詞「伝ふ」の連用形。けめ—過去の原因推量の助動詞「けむ」の已然形。

3 傍線部①・②の助動詞は、どのような意味を添えているか。それぞれア～エから選べ。〈5点×2〉

① ア 作者の感動した気持ち。　イ 許由が音に気づいた気持ち。　ウ 自身の体験を述べる気持ち。　エ 過去の出来事を伝える気持ち。

② ア 意志を持って行う気持ち。　イ なんとなく行う気持ち。　ウ 文意を強める気持ち。　エ 近い将来確実に行う気持ち。

4 二重傍線部「けり」は、上に係助詞の「ぞ」があるため、文末にあっても終止形とはならない。適当な活用形に改めよ。〈4点〉

5 本文中から、完了・存続の助動詞「り」を含む文節をすべて抜き出せ。〈8点〉

1			2		3		4	5
Ⅰ	Ⅱ	Ⅲ	⑴	⑵	①	②		

む・むず①

確認問題

得点　／50

検印

一　空欄を埋めて、助動詞の説明を完成させよ。〈2点×13〉

基本形	未然形	連用形	終止形	連体形	已然形	命令形	活用の型
む	（［　］）	○	［　］	［　］	［　］	○	四段型
むず	○	○	［　］	［　］	［　］	○	サ変型
接続	活用語の［　］形		意味	1［　］（…ウ、…ダロウ） 2［　］（…ウ、…ツモリダ） 3［　］・勧誘（…ノガヨイ） 4［　］（…トシタラ） 5［　］（…ヨウナ）			

二　次の傍線部を口語訳せよ。〈4点×6〉

1 憎きもの。もの聞かむと思ふほどに泣く児（ちご）。（枕草子・憎きもの）

2「少納言よ、香炉峰（かうろほう）の雪、いかならむ。」（枕草子・雪のいと高う降りたるを）

3 姫君は、何心もなく（無邪気に）、御車に乗らむことを急ぎ給ふ。（源氏物語・薄雲）

4「盗みたるかなど言はれむもよしなし。」（宇治拾遺物語・九六）

5「我をこそ大事に思はめ。」（宇治拾遺物語・一六五）

6 その亀をば、「何の料ぞ。」（何に使うものか）と問へば（尋ねると）、「殺してものに（何かに）せむずる。」と言ふ。（宇治拾遺物語・一六四）

1	3	5

2	4	6

む・むず②

練習問題

得点　　／50

検印

一 次の助動詞「む」または「むず」を適当な活用形に改めよ。〈2点×5〉

1 年五十(いそぢ)になるまで上手に至らざら〈①む〉芸をば捨つべきなり。（徒然草・一五一段）

2 虫の食ひたる歯を取らせ〈②む〉とて、唐人がもとに行きぬ。（沙石集・巻八ノ二三）

3 いかなる剛(かう)の者も、ただ今死な〈③むず〉ことは知らずや。（義経記・巻二）
（自分が）今すぐ

4「ただ今ゆゆしき地震(なゐ)の振ら〈④むず〉ば、うちこぼし給ひて〈⑤むず〉。」（今鏡・巻九）
今すぐひどい地震が起きるだろうから　（あなたは酒を）

①	⑤

②

③

④

二 次の傍線部の助動詞の意味と活用形を答えよ。〈2点×20〉

1 いかなる女なりとも、明け暮れ添ひ見む①には、いと心づきなく、憎かりなむ②。（徒然草・一九〇段）
気に食わなく

2 必ず果たし遂げむ③と思はむ④ことは、機嫌をいふべからず。（徒然草・一五五段）
時機を問題にしてはならない

3 子といふものなくてありなむ⑤。（徒然草・六段）

4「悪道へ赴かむずる⑥ことのかなしさよ。」（平家物語・祇王）

5「我は命短き族(ぞう)なり。必ず死なむず⑦。」（大鏡・時平伝）

6「我は、しかしかのことのありしかば、そこに建てむずる⑧ぞ。」（大鏡・道長伝）
これこれのわけがあったので　どこそこに（寺を）

7「馬ゆゑ仲綱(なかつな)が天下の笑はれ種(ぐさ)とならむずる⑨こそ安からね。」（平家物語・競(きほふ)）

8「幾度(いくたび)なりとも、器量の者こそ行かむずれ⑩。片岡、行きて見よ。」（義経記・巻四）
何度でも　役に立つ者が

①		②	
	形		形
③		④	
	形		形
⑤		⑥	
	形		形
⑦		⑧	
	形		形
⑨		⑩	
	形		形

べし①

確認問題

得点　／50

検印

一　空欄を埋めて、助動詞の説明を完成させよ。〈1点×14〉

基本形	未然形	連用形	終止形	連体形	已然形	命令形	活用の型
べし	[　] [　]	[　] [　]	[　]	[　] [　]	[　]	○	形容詞型

接続	意味
活用語の終止形（ラ変・ラ変型には連体形）	1 [　]（…ニチガイナイ、…ダロウ） 2 [　]（…ウ、…ツモリダ） 3 [　]（…ノガヨイ） 4 [　]・義務（…ハズダ、…ベキダ） 5 [　]・強い勧誘（…セヨ） 6 [　]（…デキル）

二　次の傍線部を口語訳せよ。〈6点×6〉

1 子産むべき人の、そのほど過ぐるまでさるけしきもなき。（枕草子・心もとなきもの）
（注：そのほど＝予定の時期が／なき＝ない（のは、じれったい））

2 短くてありぬべきもの。とみのもの縫ふ糸。（枕草子・短くてありぬべきもの）
（注：とみの＝急ぎの）

3 来む秋は、必ずこの病（やまひ）出づべし。（花月草紙・一一）

4 「これはなんぢが髻（もとどり）と思ふべからず、主（しゆう）の髻と思ふべし。」（平家物語・殿下乗合（てんがのりあひ））

5 「いとまを給はりて、この笛を持ちて参るべし。」（十訓抄・第七）
（注：いとまを給はりて＝時間をいただいて（家に帰って））

6 高き山の峰の、下り来べくもあらぬに置きて逃げて来ぬ。（大和物語・一五六段）
（注：あらぬに置きて＝所に（伯母を）置いて）

1	2
3	4
5	6

べし②

練習問題

得点 ／50

検印

一 次の空欄に助動詞「べし」を適当な活用形に改めて入れよ。〈2点×7〉

1「作文（さくもん）のにぞ乗る〈①〉ける。」（漢詩（を作る人）の（乗る）舟に乗ればよかったよ）（大鏡・頼忠伝）

2 よみつ〈②〉は、はや言へかし。（（歌を）よむことができるなら）（土佐日記・一月七日）

3 消息（せうそこ）をだに言ふ〈③〉もあらぬ女のあたりを思ひける（歌）。（手紙さえ）（伊勢物語・七三段）

4 罪を得つ〈④〉ば、さやうのこと、よしなし。（そんなこと（をするの）は）（宇治拾遺物語・一二七）

5 この本（もと）はいかでかつく〈⑤〉むと、思ひわづらひぬ。（上の句はどうやって）（枕草子・二月つごもりごろに）

6 桜散る宿を飾れる菖蒲（さうぶ）をば花菖蒲とやいふ〈⑥〉らむ（山家集・二〇二）

7 咲きぬ〈⑦〉ほどの梢（こずゑ）、散りしをれたる庭などこそ、見どころ多けれ。（今にも咲きそうな）（徒然草・一三七段）

①	②	③	④

⑤	⑥	⑦

二 次の傍線部の助動詞の意味と活用形を答えよ。〈3点×12〉

1 人々は途中に立ち並びて、後ろ影の見ゆるまではと、見送るなるべし。（奥の細道・旅立ち）

2（古学ノ道ハ）すみやかにことごとくは考へ尽くすべきにあらず。（玉勝間・巻四）

3 すべて男（をのこ）をば、女に笑はれぬやうに生（お）ほし立つべしとぞ（いふ）。（総じて男子は／育て上げる）（徒然草・一〇七段）

4 清盛（きよもり）、これを取つて斬るべきよしをぞ申しける。（牛若丸を捕らえて／申しつけた）（義経記・巻一）

5 転び落ちぬやうに、心得て炭を積むべきなり。（注意して）（徒然草・二一三段）

6「我この公事（くじ）を決すべし。」（この争いを）（伊曽保物語・下ノ四）

番号	意味	活用形
1		形
2		形
3		形
4		形
5		形
6		形

じ・まじ①

確認問題

得点　／50

検印

一 空欄を埋めて、助動詞の説明を完成させよ。〈2点×19〉

基本形	未然形	連用形	終止形	連体形	已然形	命令形	活用の型
じ	○	○	[　　]	([　　])	([　　])	○	特殊型
接続	活用語の[　　]形						
意味	1 [　　]（…ナイダロウ、…マイ） 2 [　　]（…マイ、…ナイツモリダ）						

基本形	未然形	連用形	終止形	連体形	已然形	命令形	活用の型
まじ	[　　] ([　　])	[　　] [　　]	[　　]	[　　] [　　]	[　　]	○	形容詞型
接続	活用語の[　　]形（ラ変・ラ変型には連体形）						
意味	1 [　　]（…ナイダロウ、…マイ） 2 [　　]（…マイ、…ナイツモリダ） 3 禁止・不適当（…テハナラナイ、…ナイホウガヨイ） 4 [　　]（…ハズガナイ） 5 [　　]（…デキナイダロウ）						

二 次の傍線部を口語訳せよ。〈4点×3〉

1「もろともに具しておはせよ。さらに残りとどまらじ。」（しのびね物語・偽りの別れ）
（（私を）一緒に連れてお行きなさいませ）

2 なんぢを殺したりとても、わが子生き帰りて来まじ。（古今著聞集・五〇四）

3 桂（かつら）の皇女（みこ）、いとみそかにあふまじき人にあひ給ひけり。（大和物語・二六段）

1	2	3

じ・まじ②

練習問題

得点　／50

検印

一　次の空欄に助動詞「じ」または「まじ」を適当な活用形に改めて入れよ。〈4点×5〉

1 ただなる人にはよに（まさか）あら〈①〉。（大和物語・一六八段）

2「これよきことなり（よい提案だ）。人の御恨みもある〈②〉。」と言ふ。（竹取物語・貴公子たちの求婚）

3 今日はえとどまる〈③〉思ほゆ。（宇津保物語・吹上下）

4「宮の御髪（みぐし）の、（浮舟の髪は、）女二の宮の御髪が）いみじくめでたきにも、劣る〈④〉けり。」と見給ふ。（源氏物語・東屋）

5 おぼろけの紙は（ありふれた紙は）、え張る〈⑤〉ば、求め侍るなり。（この扇の骨に）当然張ることができないので　探しているのでございます）（枕草子・中納言参り給ひて）

①	②	③	④	⑤

二　次の傍線部の助動詞の意味と活用形を答えよ。〈3点×10〉

1 またこの橋を帰り渡らじと誓ひて、蜀（しょく）の国に籠りにけり。（唐物語・五）

2 唐（から）のものは、薬のほかは、なくともこと欠くまじ。（徒然草・一二〇段）

3 人のたはやすく（容易に）通ふまじからむ所に、跡を絶えて（行方をくらまして）籠りゐなむと思ひ侍るなり。（堤中納言物語・よしなしごと）

4 無常の身に（死が自分に）迫りぬることを心にひしとかけて、束の間も忘るまじきなり。（徒然草・四九段）

5 さるまじき人のもとに、あまりかしこまりたるも、げにわろきことなり。（枕草子・文言葉なめき人こそ）

1		形
2		形
3		形
4		形
5		形

らむ・けむ①

確認問題

得点 ／50

検印

一 空欄を埋めて、助動詞の説明を完成させよ。〈2点×18〉

基本形	未然形	連用形	終止形	連体形	已然形	命令形	活用の型
らむ	○	○	[　]	[　]	[　]	○	四段型
接続	活用語の[　]形（ラ変・ラ変型には[　]形）						
意味	1[　]（今ゴロハ…テイルダロウ） 2[　]（…ダカラダロウ） 3[　]（…トカイウ） 4[　]（…テイルヨウナ） 5[　]（…ダロウ）						
けむ	○	○	[　]	[　]	[　]	○	四段型
接続	活用語の[　]形						
意味	1[　]（…ダッタロウ） 2[　]（…ダッタノダロウ） 3[　]（…タトカイウ） 4[　]（…タヨウナ）						

二 次の傍線部を口語訳せよ。〈7点×2〉

1 かく思ひ沈むさまを（こうして（私が））、心細しと思ふらむ（（供の者たちは））。（源氏物語・須磨）

2 恐ろしくやありけむ、連れて（（少女たちは）連れ立って）走り入りぬ。（堤中納言物語・貝合）

1	2

らむ・けむ②

練習問題

得点　／50

検印

一　次の助動詞「らむ」または「けむ」を適当な活用形に改めよ。〈2点×4〉

1 時に合ひ、したり顔なるも、みづからはいみじと思ふ〈①らむ〉ど、いとくちをし。（徒然草・一段）
（時流に乗り　得意顔であるのも　自分では立派だと）

2 袖ひちてむすびし水のこほれるを春立つ今日の風やとく〈②らむ〉（古今集・二）
（袖が濡れるままに手ですくって飲んだ水が、冬の間は凍っていたのを）

3 いかでかかることあり〈③けむ〉と、めでたくおぼゆることは、文にこそ侍るなれ。（無名草子・文）
（どうして　手紙であるようです）

4 末の「はるかに照らせ」といへる句は、本にひかされて、やすくよまれに〈④けむ〉。（俊頼髄脳・歌のよしあし）
（上の句にひきつけられて）

①	②	③	④

二　次の傍線部の助動詞の意味と活用形を答えよ。〈3点×14〉

1 離れたりとも、さて都にも心安くておはすらむ①と思はば、心も慰むべし。（沙石集・巻九ノ一〇）
（たとえ離れたとしても　こうして（あなたも）都で安心して　（私の）心も）

2 いかでか露の消えむとすらむ②（源氏物語・若紫）

3 山鳥、友を恋ひて鳴くに、鏡を見すれば慰むらむ③、心若う、いとあはれなり。（枕草子・鳥は）

4 琴の音をやあはれと思ひしみにけむ④、この男にあひにけり。（唐物語・五）
（しみじみすばらしいよと　結婚してしまった）

5 横笛これを伝へ聞いて、「我をこそ捨てめ、さまをさへ変へけむ⑤ことの恨めつしさよ。」（平家物語・横笛）
（滝口入道の出家を　私を捨てるのはよいが　（あなたが））

6 出でて行き給ひけむ⑥心のうち、いかばかり悲しかりけむ⑦。（住吉物語・上）

	意味	活用形
①		形
②		形
③		形
④		形
⑤		形
⑥		形
⑦		形

らし・めり・なり①

確認問題

得点　／50

検印

一　空欄を埋めて、助動詞の説明を完成させよ。〈2点×17〉

基本形	未然形	連用形	終止形	連体形	已然形	命令形	活用の型
らし	○	○	[　　]	[　　]（[　　]）	[　　]	○	特殊型
めり	○	（[　　]）	[　　]	[　　]	[　　]	○	ラ変型
なり	○	[　　]	[　　]	[　　]	[　　]	○	

接続	意味
活用語の[　　]形（ラ変・ラ変型には[　　]形）	1[　　]（…ラシイ、…ヨウダ） めり…2[　　]（…ヨウダ） なり…2[　　]（…ソウダ）

二　次の傍線部を口語訳せよ。〈4点×4〉

1 神無月(かみなづき)時雨降るらし佐保山(さほやま)の正木(まさき)の葛(かづら)色まさりゆく（新古今集・五七四）

2 瑠璃(ガラスの)の坏(さかづき)など据ゑて参りたり(お勧めした)。内のものども透きて見ゆめり。（宇津保物語・蔵開上）

3 移り行く雲に嵐の声すなり散るか正木の葛城の山（新古今集・五六一）

4 東の海に蓬萊(ほうらい)といふ山あるなり。（竹取物語・貴公子たちの求婚）

1	2	3	4

らし・めり・なり②

練習問題

得点
／50

検印

一　次の助動詞「らし」「めり」「なり」を適当な活用形に改めよ。〈5点×4〉

1 霜の縦露の緯(ぬき)こそ弱か〈①らし〉山の錦の織ればかつ散る　（古今集・二九一）
（霜の縦糸も露の横糸も／織ったそばからすぐに散ってしまう）

2 化粧(けさう)じ給ふ御影こそ、げに見るかひあ〈②めり〉。　（源氏物語・初音）
（（源氏の）お姿は）

3 「駿河(するが)の国にある〈③なり〉山なむ、この都も近く、天も近く侍る。」と奏す。　（竹取物語・ふじの山）
（帝に申し上げる）

4 「宰相中将(さいしやうのちゆうじやう)こそ参り給ふ〈④なり〉。例の御にほひいとしるく。」　（堤中納言物語・このついで）
（いつものお香りがたいそうはっきりと（香ってきます））

①	②	③	④

二　次の傍線部の助動詞の意味と活用形を答えよ。〈3点×10〉

1 小夜中(さよなか)と夜は更けぬ<u>らし</u>雁(かり)が音(ね)の聞こゆる空に月渡る見ゆ　（古今集・一九二）

2 木の芽の緑はつかに、紅(くれなゐ)の梅咲く<u>めり</u>。　（宇津保物語・春日詣）
（ほのかに（見え））

3 かくて明けぬれば、天禄(てんろく)三年とぞいふ<u>める</u>。　（蜻蛉日記・天禄三年正月）

4 御帳(みちやう)のうちに箏(さう)の琴を忍びやかに弾きすさび給ふ<u>なり</u>。　（とりかへばや物語・巻一）
（御帳台の中で）

5 聞けば、瓦石(ぐわしやく)も彼が手に入れば、金銀(こんごん)となる<u>なり</u>。　（今昔物語集・巻二ノ二八）

番号	意味	活用形
1		形
2		形
3		形
4		形
5		形

助動詞のまとめ③

総合問題

得点　／50

検印

一　次の傍線部の説明として正しいものを、それぞれ後のア〜エから選べ。〈2点×7〉

1
①このごろまた起こりて、弱くなむなりにたる。（源氏物語・夕顔）
（病気が）起こって
②都にては、とてもかくても過ぎなむ。（沙石集・巻九ノ一〇）
③いと心憂き身なれば、死なむと思ふにも、死なれず。（大和物語・一〇三段）
情けないわが身なので

ア　助動詞「ぬ」の未然形＋助動詞「む」　イ　係助詞
ウ　ナ変動詞の未然形活用語尾＋助動詞「む」　エ　終助詞

2
④定めて往生の志遂げぬらむとぞおぼゆる。（沙石集・巻一〇ノ六）
きっと
⑤「舳の方に行きて、打ち覆へて伏せらむ。」（沙石集・巻八ノ一九）
舳先のほうに　ひっくり返って
⑥かくおとなしき心あらむとこそ思はざりしか。（十訓抄・第八）
このように落ち着いた心が
⑦銭は亀にかへつるよし語らむ。（宇治拾遺物語・一六四）

ア　助動詞「らむ」
イ　助動詞「り」の未然形＋助動詞「む」
ウ　ラ行四段動詞の未然形活用語尾＋助動詞「む」
エ　ラ変動詞の未然形活用語尾＋助動詞「む」

①	②	③	④	⑤	⑥	⑦

二　次の傍線部にはそれぞれ助動詞が二つ含まれている。抜き出して文法的に説明せよ。〈9点×4〉

1「乳母かへてむ。いとうしろめたし。」（枕草子・上に候ふ御猫は）
めのと　気がかりだ

2いかなる道心者も心弱くなりぬべし。（平家物語・横笛）
どうしんじゃ
どんなに信仰心を強く持った人も

1		2	

助動詞のまとめ④

演習問題

得点　　／50

検印

一　次の『枕草子』の「心もとなきもの（ジレッタイモノ）」の一部を読んで、あとの問いに答えよ。

何事にもあれ（何の用事であっても）、急ぎてものへ行くべき(a)折に、まづ（（家族が）先に）我さるべき①所へ行くとて、ただ今おこせむAとて出でぬる車待つほどこそ、いと心もとなけれ。大路（おほち）行きけるを、さなりと喜びたれば②、ほかざまにいぬる、いとくちをし。まいて（まして）、物見に（祭りなどの行列の見物に）出でむBとてあるに、「ことはなりぬらむ。③」と人の言ひたるを聞くこそわびしけれ（情けない）。物見・寺詣でなどに、もろともにあるべき(b)人を乗せに行きたるに、車をさし寄せて、とみにも乗らで待たするも（すぐにも乗って来ないで待たせるのも）、いと心もとなく、うち捨ててもいぬべき(c)心地ぞする。人の歌の返し、とく（早く）すべき(d)を、えよみ得ぬほども（よむことができないときも）心もとなし。懸想人（けさうびと）などは（自分に思いを寄せている人などは）さしも急ぐまじけれど④、おのづから（自然と）またさるべき⑤折もあり。

1　二重傍線部(a)〜(d)の「べき」の文法的意味として適当なものを、それぞれ次から選べ。同じ記号を何度選んでもよい。　〈4点×4〉

ア　推量　イ　意志　ウ　適当　エ　当然・義務　オ　強い勧誘・命令　カ　可能

2　傍線部①・⑤の「さるべき」を、「さる」の指示内容と「べき」の意味に注意して、具体的に口語訳せよ。　〈6点×2〉

3　二重傍線部A・Bの「む」の文法的意味の組み合わせとして適当なものを、次から選べ。　〈4点〉

ア　Aは推量、Bは意志　イ　Aは意志、Bは推量　ウ　A・Bとも意志　エ　A・Bとも推量

4　傍線部②に「喜びたれば」とあるが、この「喜び」の説明として適当なものを、次から選べ。　〈6点〉

ア　こちらに向かって来る牛車を見て、早く帰って来たようだと歓迎する気持ち。

イ　よその牛車が通り過ぎた音を聞いて、自分の牛車が戻って来たと思ったぬか喜び。

ウ　牛車がないのでしかたなく歩いて行ったところ、無事に目的地に着いたという安堵。

5　傍線部③に「ことはなりぬらむ」とあるが、「ことなる（事成る）」とは、「行事が始まる」という意味である。助動詞「らむ」はどのような意味を添えているか。次から選べ。　〈6点〉

ア　行事が始まってしまったと人に聞いたので、ただちに作者に伝える意味。

イ　自分がいないのにどうして行事が始まったのだろうと、不満に思う意味。

ウ　今ごろは行事が始まってしまっただろうと、家にいながら推量する意味。

6　傍線部④「急ぐまじけれど」を口語訳せよ。　〈6点〉

1	2	3	4	5	6
(a)	①				
(b)					
(c)					
(d)	⑤				

まし・なり・たり①

確認問題

得点 ／50

検印

一 空欄を埋めて、助動詞の説明を完成させよ。〈1点×25〉

基本形	未然形	連用形	終止形	連体形	已然形	命令形	活用の型
まし	[　　] ([　　])	○	[　　]	[　　]	[　　]	○	特殊型
接続	活用語の[　　]形						
意味	1[　　](モシ～ダッタラ…ダロウニ) 2 実現不可能な[　　](…ダッタラヨカッタノニ) 3[　　]・ためらい(…タラヨカロウカ)						

基本形	未然形	連用形	終止形	連体形	已然形	命令形	活用の型
なり	[　　]	[　　] [　　]	[　　]	[　　]	[　　]	(なれ)	形容動詞型
たり	[　　]	[　　] [　　]	[　　]	[　　]	[　　]	(たれ)	
接続	[　　] 「なり」は活用語の[　　]形と、一部の助詞や副詞にも接続						
意味	1[　　](…ダ、…デアル) なり…2[　　](…ニアル)						

二 次の傍線部を口語訳せよ。〈5点×5〉

1 この風今①しばしやまざらましかば、潮(しほ)上りて残る所②なからまし。(源氏物語・明石)
（高潮が上がって来て（源氏の御座所は））

2 賀茂川(かもがは)にや③落ち入りなまし など思へども、またさすがに身をもえ投げず。(宇治拾遺物語・八八)
（身を投げることもできない）

3 都を、入道相国(にふだうしやうこく)、④人臣の身として遷(うつ)されけるぞ、恐ろしき。(平家物語・都遷(みやこうつり))

4 ⑤かたはらなる人、うち身じろきだにせず。(うたたね・出家)

①	③	⑤

②	④

まし・なり・たり②

練習問題

得点 ／50

検印

一 次の傍線部の助動詞の意味と活用形を答えよ。〈一点×8〉

1 我来たらざらまし①かば、尼君(あまぎみ)の臨終は、かくはなからまし②。（今昔物語集・巻一五ノ三九）
（このよう（に尊いもの）では）

2 いかで年月を過ごさまし③とおぼしやらる。（源氏物語・須磨）
（ぼんやりと思いをはせる）

3 とだえ置かず、さるものにしなして、長く見るやうも侍りなまし④。（源氏物語・帚木(ははきぎ)）
（途絶えを置かず（通って） しかるべき人として扱って 長く連れ添う方法も）

①	②	③	④
形	形	形	形

二 次の各文から断定の助動詞「なり」「たり」をすべて抜き出し、文法的に説明せよ。〈42点〉

1 はかなき数にならむことは、疑ひなきことなり。（建礼門院右京大夫集・二〇四詞書）
（私がそのうちに）亡き人の数に入るということは）

2 我、平相国(へいしやうこく)の娘として天子の国母(こくも)となりしかば、一天四海みな掌(たなごころ)のままなり。（平家物語・六道之沙汰(ろくだうのさた)）

3 駿河(するが)なる宇津(うつ)の山べのうつつにも夢にも人にあはぬなりけり（伊勢物語・九段）

4 経正(つねまさ)の幼少のとき、御最愛の童形(とうぎやう)たるによつて、下しあづかりたりけるとかや（いふ）。（平家物語・青山之沙汰(せいざんのさた)）
（青山という琵琶を）下し受けたとかいうことである）

1	2	3	4

る・らる①

確認問題　得点　／50　検印

一　空欄を埋めて、助動詞の説明を完成させよ。〈2点×17〉

基本形	未然形	連用形	終止形	連体形	已然形	命令形	活用の型
る	[　]	[　]	[　]	[　]	[　]	[　]	下二段型
らる	[　]	[　]	[　]	[　]	[　]	[　]	＊自発・可能には命令形がない。

接続

[　]形
る……四段・ナ変・ラ変動詞
らる……右以外の動詞

意味

1 [　]（自然ニ…レル）
2 [　]（…コトガデキル）
3 [　]（…レル、…ラレル）
4 [　]（オ…ニナル）

二　次の傍線部を口語訳せよ。〈4点×4〉

1 道も（道中も）、祭りのころ思ひ出でられて、をかし。（枕草子・五月の御精進（さうじ）のほど）

2 御庵（いほり）のさま、御住まひ、事柄（生活のありさまは）、すべて目もあてられず。（建礼門院右京大夫集・二三九詞書）

3 鹿（しか）一つありけり。深山（みやま）にのみ住みて、人に知られず。（宇治拾遺物語・九二）

4 大納言なりける人、小侍従（こじじゅう）と聞こえし（申し上げた）歌よみに通はれけり。（今物語・一〇）

1	2
3	4

る・らる②

練習問題

得点 ／50

検印

一 次の空欄に助動詞「る」または「らる」を適当な活用形に改めて入れよ。〈5点×4〉

1 これを見るに、いと悲しくて、ほろほろと泣か〈①〉ぬ。（源氏物語・夢浮橋）

2 了俊（れうしゆん）は為秀（ためひで）の弟子になら〈②〉たるなり。（正徹物語・四三段）

3 しばしうち休み給へど、寝（ね）〈③〉給はず。（源氏物語・空蟬（うつせみ））

4 勢ひある者は貪欲（とんよく）深く、独身（ひとりみ）なるものは人に軽（かろ）め〈④〉。（方丈記・元暦の大地震（おほなゐ））
独身なるもの：孤立して頼るもののない者は

①	②	③	④

二 次の傍線部の助動詞を文法的に説明せよ。〈5点×6〉

1「さらにこそ信ぜられね。」と言へば、翁（おきな）二人見交はしてあざ笑ふ。（大鏡・序）
さらに：全く

2 あしきこともよきことも、長くほめられ、長くそしられず。（宇治拾遺物語・一九七）

3 領布（ひれ）などの風に吹きやられたる、いとをかし。（枕草子・関白殿、二月二十一日に）
領布：肩にまとっている布などが

4 風雲の中に旅寝するこそ、あやしきまで妙（たへ）なる心地はせらるれ。（奥の細道・松島）
風雲の中：大自然の中で
あやしきまで妙なる：不思議なほどすばらしい

5「本言（もと）へ。」と仰せらるるも、いとをかし。（枕草子・五月の御精進のほど）
（中宮様が）「上の句を言え。」と

6「人一人参られよかし。」（源氏物語・若紫）

1	2	3	4	5	6

す・さす・しむ①

確認問題　得点　／50　検印

一　空欄を埋めて、助動詞の説明を完成させよ。〈2点×21〉

基本形	未然形	連用形	終止形	連体形	已然形	命令形	活用の型
す	[　]	[　]	[　]	[　]	[　]	[　]	下二段型
さす	[　]	[　]	[　]	[　]	[　]	[　]	
しむ	[　]	[　]	[　]	[　]	[　]	[　]	

接続	意味
[　]形 す……四段・ナ変・ラ変動詞 さす…右以外の動詞 しむ…用言	1 [　] (…セル、…サセル) 2 [　] (オ…ニナル)

二　次の傍線部を口語訳せよ。〈2点×4〉

1 下部(しもべ)（下僕に）に酒飲ますることは、心すべきことなり。（徒然草・八七段）

2 我に暫時(ざんじ)の暇(いとま)（しばしの時間を）を得させよ。（平家物語・咸陽宮(かんやうきゆう)）

3 我（自分が）負けて人を喜ばしめむと思はば、さらに（全く）遊びの興なかるべし。（徒然草・一三〇段）

4 一院第二の皇子、ひそかに入寺(にふじ)せしめ給ふ。（平家物語・山門牒状(さんもんてふじやう)）

1	2
3	4

す・さす・しむ②

練習問題

得点　／50

検印

一　次の空欄に助動詞「す」または「さす」を適当な活用形に改めて入れよ。〈4点×5〉

1「荻（をぎ）の葉、荻の葉。」と呼ば〈①〉ど、答へざなり。（女は）答えないようだ（更級日記・荻の葉）

2八日、人のよろこびして走ら〈②〉車の音、ことに聞こえてをかし。誰かが任官のお礼を言って回って（枕草子・正月一日は）

3「紀の守（かみ）の妹もこなたにあるか。我に垣間見（かいまみ）せ〈③〉。」（源氏物語・空蟬）

4「これは竜宮なり。参りたるしるしにこれを取ら〈④〉む。」（平治物語・下）

5「少将殿、筑前（ちくぜん）をのみ責め〈⑤〉給ふも、わりなく侍り。」辛うございます（住吉物語・上）

①	②	③	④	⑤

二　次の傍線部の助動詞を文法的に説明せよ。〈5点×6〉

1通ひ路に夜ごとに人を据ゑて守らせければ、行けどもえあはで帰りけり。（男は）出かけても（女に）逢うことができないで（伊勢物語・五段）

2御前（まへ）にもいみじううち笑はせ給ふ。中宮様におかれても（枕草子・上に候ふ御猫は）

3児（ちご）の申楽（さるがく）に、さのみに細かなる物まねなどは、せさすべからず。少年の演ずる申楽に　それほど細かい演技などは（風姿花伝・十二、三より）

4「御身はよろづの鳥の中にすぐれてうつくしく見えさせおはします。」あなたは（伊曽保物語・中巻ノ二一）

5身を破るよりも、心を傷ましむるは、人を害（そこな）ふこと、なほ甚だし。身体を痛めつけるよりも（徒然草・一二九段）

6「問ひ奉るべし、答へて聞かしめ給へ。」お尋ね申し上げよう（一休ばなし・一〇）

1	2	3	4	5	6

まほし・たし・ごとし・やうなり①

確認問題

得点　／50

検印

一　空欄を埋めて、助動詞の説明を完成させよ。〈1点×30〉

基本形	未然形	連用形	終止形	連体形	已然形	命令形	活用の型
まほし	[　] [　]	[　] [　]	[　]	[　] [　]	[　]	○	形容詞型
たし	[　] [　]	[　] [　]	[　]	[　]	[　]	○	
接続	まほし…[　]形 たし……[　]形			意味	1[　]（…タイ、…テホシイ）		

基本形	未然形	連用形	終止形	連体形	已然形	命令形	活用の型
ごとし	[　]	[　]	[　]	[　]	○	○	形容詞型
やうなり	[　]	やうに [　]	[　]	[　]	[　]	○	形容動詞型
接続	活用語の[　]形・格助詞「が」「の」 「ごとし」は体言にも接続			意味	1[　]（…ヨウダ） 2[　]（タトエバ…ヨウダ）		

二　次の傍線部を口語訳せよ。〈5点×4〉

1 名取川（なとりがは）、いかなる名を取りたるならむと聞かまほし。（どんな評判（「名」）を「取」っているのだろうと）（枕草子・河は）

2 若いときには使ひたき金銀はままならず。（好色一代女・巻五）

3 昼は渓風（たにかぜ）激しくて、砂（いさご）を飛ばして雨のごとし。（平家物語・高野御幸）

4 こなたかなたの目には、杏（すもも）を二つつけたるやうなり。（（腫れた）両目には）（竹取物語・竜の頸の玉）

1	2
3	4

まほし・たし・ごとし・やうなり②

練習問題

得点　／50

検印

一 次の傍線部の助動詞の意味を、ア 自己の願望、イ 自己以外の願望、ウ 他に対する願望から選び、活用形を答えよ。〈2点×12〉

1 「参りぬべくは、いま少しも、召さまほしからむほど召せ。」（宇治拾遺物語・一九）
（参りぬべくは：召し上がることができるなら）

2 あるいはおのが家に籠りゐ、あるいはおのが行かまほしき所へいぬ。（竹取物語・竜の頸の玉）
（あるいは：ある者は）

3 家々の記録文（きろくぶみ）なども、次々に彫（ゑ）らまほし。（玉勝間・巻一）
（家々の記録文なども：各家に伝わる記録文書なども）

4 「念仏申して、一期（いちご）身安くて過ごしたく存じ候ふ。」（沙石集・一〇本ノ四）

5 人を従へたく思はば、かへってわざはひを招くものなり。（伊曽保物語・下巻ノ二）

6 これ、ことに花やかなるところありたし。（風姿花伝・修羅）
（これ：修羅物の演目は）

1		2	
	形		形
3		**4**	
終止形	形		形
5		**6**	
	形		形

二 次の傍線部の助動詞を文法的に説明せよ。〈7点×4〉

1 鶯（うぐひす）ごときは、待つ心をばよめども、尋ねて聞くよしをばいとよまず。（無名抄・題の心の事）
（待つ：（鳴くのを）待つ　いと：あまり）

2 海は鏡の面（おもて）のごとなりぬれば、ある人のよめる歌。（土佐日記・二月五日）
（海は：（嵐が静まって））

3 （法師ハ）人には木の端のやうに思はるるよ。（徒然草・一段）

4 雀（すずめ）などのやうに常にある鳥ならば、さもおぼゆまじ。（枕草子・鳥は）

1	2	3	4

助動詞のまとめ⑤

総合問題

得点　／50

検印

一　次の傍線部の説明として正しいものを、それぞれ後のア〜エから選べ。〈5点×10〉

1

①風光（美しい風景が）の、人を感動せしむること、まことなるかな。（去来抄・行く春を）

②朝餉（あさがれひ）の間（ま）に上おはしますに（帝はいらっしゃったが）、御覧じて、いみじうおどろかせ給ふ。（枕草子・上に候ふ御猫は）

③十月雨間（かみなづきあまま）もおかず（やむときもなく）降りにせばいづれの里の宿か借らまし（万葉集・三二一四）

ア　尊敬の助動詞「す」　イ　使役の助動詞「す」
ウ　過去の助動詞「き」　エ　サ変動詞活用語尾

2

④心うがりて（いやに思って）行かずなりにけり。（伊勢物語・二三段）

⑤心にもあらで（思わず）いらへつるなり。（宇治拾遺物語・一一三）

⑥親ものし給はざなれ（いらっしゃらない）ば、いかに心細くおぼさるらむ。（宇津保物語・俊蔭（としかげ））

⑦嘆き切（せち）なるときも、声を上げて泣くことなし。（方丈記・元暦の大地震）

ア　断定の助動詞「なり」　イ　伝聞の助動詞「なり」
ウ　形容動詞活用語尾　エ　ラ行四段動詞「なる」

3

⑧持てる調度にても、心劣りせらるることは（（持ち主に）思わず幻滅することは）ありぬべし。（徒然草・八一段）

⑨（雛鳥は）もとより（もともと）飛び得ざれば、（巣に）立ちかへるべきやうなし。（花月草紙・一〇五）

⑩男、いささか人に言はれさわがるることありけり。（平中物語・三五）

ア　受身の助動詞「る」の一部　イ　自発の助動詞「らる」の一部
ウ　存続の助動詞「り」　エ　ラ行四段動詞活用語尾

①	②	③	④	⑤
⑥	⑦	⑧	⑨	⑩

助動詞のまとめ⑥

演習問題

得点　／50

検印

一　次の『枕草子』の「花の木ならぬは」の一部を読んで、あとの問いに答えよ。

あすはひの木、この世に近くも見聞こえず。（この近辺では見たことも聞いたこともない）御嶽（みたけ）に詣でて帰りたる(a)人などの持て来める(b)。枝ざしなどは、いと手触れにくげに、あらくましけれど（荒々しいが）、何の心ありて、あすはひの木とつけけむ(c)。（「あすはひの木（明日は檜）」と）あぢきなきかねごとなりや①（あてにならない約束だよ）。たれに頼めたるにかと思ふに、聞かまほしく、をかし②。

ねずもちの木③、人なみなみになるべきにもあらねど、葉のいみじうこまかに小さきがをかしきなり。棟（あふち）の木。山橘（やまたちばな）。山梨の木。

椎（しひ）の木、常磐木（ときはぎ）はいづれもあるを（常緑樹はどれもそうなのに）、それしも葉変えせぬためしに（椎の木が特に葉を変えない例として）言はれ(d)たるもをかし。

1　二重傍線部(a)「たる」、(b)「める」、(c)「けむ」を文法的に説明せよ。〈6点×3〉

2　傍線部①「あぢきなきかねごとなりや」の「なり」と同じものを、次の傍線部（本文の波線部）から選べ。〈5点〉

ア　いと手触れにくげに　　イ　たれに頼めたるにかと

ウ　頼めたるにかと思ふに　　エ　葉のいみじうこまかに

3　傍線部②「聞かまほしく、をかし」を口語訳せよ。〈7点〉

4　傍線部③「ねずもちの木、人なみなみになるべきにもあらねど」を、例に続けて品詞分解せよ。〈15点〉

5　二重傍線部(d)「れ」と同じ意味のものを、次から選べ。〈5点〉

ア　仲よしなども、人に言はる。（枕草子・職の御曹司の西面の）

イ　はづかしくて、ものも申されず。（落窪物語・巻一）

ウ　くちをしく、涙ぞかきくらされ給ふ。（とりかへばや物語・巻一）

エ　右衛門督（うゑもんのかみ）は白き直垂（ひたたれ）にて、車のしりにぞ乗られたる。（平家物語・一門大路渡（いちもんおほちわたし））

1 (a)	1 (b)	1 (c)	2	3	4	5
					ねずもち（名詞）｜の（助詞）｜木（名詞）、｜人なみなみに（形容動詞・連用）｜	